I0794772

Tadpole Books are published by Jump!, 5357 Penn Avenue South, Minneapolis, MN 55419, www.jumplibrary.com

Editor: Jenna Trnka **Designer:** Anna Peterson **Translator:** Annette Granat

Photo Credits: Zoonar GmbH/Alamy, cover; LightFieldStudios/iStock, 1; FamVeld/Shutterstock, 2–3, 16tm; al7/Shutterstock, 4–5, 10–11 (foreground), 16tl, 16bm; Mark Nazh/Shutterstock, 6–7, 16bl; ABO PHOTOGRAPHY/Shutterstock, 8–9, 16br; sathaporn/Shutterstock, 10–11 (background); Blue Jean Images/Getty, 12–13, 16tr; kate_sept2004/iStock, 14–15.

Library of Congress Cataloging-in-Publication Data
Names: Kenan, Tessa, author.
Title: Las patinetas / por Tessa Kenan.
Other titles: Skateboards. Spanish
Description: Minneapolis, MN : Jump!, Inc., 2018. | Series: Vamos! | Includes index.
Identifiers: LCCN 2018011196 (print) | LCCN 2018011429 (ebook) | ISBN 9781641281010 (ebook) | ISBN 9781641281003 (hardcover : alk. paper)
Subjects: LCSH: Skateboarding—Juvenile literature. | Skateboards—Juvenile literature.
Classification: LCC GV859.8 (ebook) | LCC GV859.8 .K44518 2018 (print) | DDC 796.22—dc23
LC record available at https://lccn.loc.gov/2018011196

¡VAMOS!

LAS PATINETAS

por Tessa Kenan

TABLA DE CONTENIDO

Las patinetas.......................... 2

Repaso de palabras 16

Índice..................................16

tadpole books

LAS PATINETAS

¡Las patinetas nos ayudan a avanzar!

tabla

Mira la tabla.

Mira las ruedas.

Esta es verde.

azul

Esta es azul.

roja

Esta es roja.

¡Vamos!

REPASO DE PALABRAS

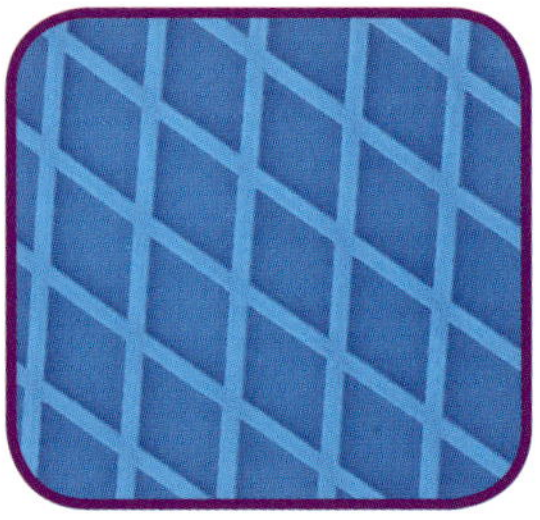

azul

patinetas

roja

ruedas

tabla

verde

ÍNDICE

avanzar 3
ayudan 3
azul 11
patinetas 3
roja 13
ruedas 7
tabla 5
verde 9